채지충의 만화로 보는 동양철학
6

옮긴이 이신지
이화여자대학교 중어중문학과를 졸업했다.
중국인민대학교에서 중문학을 공부하고 번역 활동 등을 하고 있다.

漫畫道家思想 (Taoism in Comics)
Copyright ⓒ 2012 by Tsai Chih-Chung
Korean Translation Copyright 2024 by DULNYOUK Publishing Co.
This translation is published by arrangement with Locus Publishing Company through SilkRoad Agency, Seoul, Korea.
All rights reserved.

이 책의 한국어판 저작권은 실크로드 에이전시를 통해 Locus Publishing Company와 독점 계약한 도서출판 들녘에 있습니다. 저작권법에 의해 한국 내에서 보호를 받는 저작물이므로 무단 전재와 복제를 금합니다.

채지충의 만화로 보는 동양철학 · 6
열자 바람의 철학
ⓒ 들녘 2024

초판 1쇄	2024년 12월 31일
지은이	채지충(蔡志忠)
옮긴이	이신지
출판책임	박성규
편집주간	선우미정
기획이사	이지윤
편집	이수연·이동하·김혜민
디자인	하민우
마케팅	전병우
경영지원	김은주·나수정
제작관리	구법모
물류관리	엄철용
펴낸이	이정원
펴낸곳	도서출판 들녘
등록일자	1987년 12월 12일
등록번호	10-156
주소	경기도 파주시 회동길 198
전화	031-955-7374 (대표)
	031-955-7384 (편집)
팩스	031-955-7393
이메일	dulnyouk@dulnyouk.co.kr

ISBN	979-11-5925-915-9 (07150)
세트	979-11-5925-907-4 (07150)

값은 뒤표지에 있습니다. 잘못된 책은 구입하신 곳에서 바꿔드립니다.

채지충의 만화로 보는 동양철학 · 6

열자

바람의 철학

채지충(蔡志忠) 지음 · 이신지 옮김

서문

바람을 타고 살아가는 인생

채지충

인생의 목적은 무엇일까요? 사람들은 대개 큰 뜻을 세워 일하고 대업을 이루는 것이 인생의 목적이라고 생각하기 때문에 이렇게 말합니다.

> "있는 힘을 다해 노력하는 것은 고통스럽지만,
> 성공한 후에는 큰 즐거움을 누릴 수 있다."

> "배움은 고통스럽지만, 학업을 이룬 후에는 큰 즐거움을 누릴 수 있다."

> "일은 겨울과 같아 고통스럽지만 성과를 누리면 즐겁다.
> 봄이 오면 흥겹고 즐겁지 아니한가."

인생의 과정이 정말 모두 그럴까요?
  연애는 고통스러운 것이고, 고통의 연애 과정을 거치고 나면 결혼 이후는 즐겁다는 말일까요? 아닙니다. 연애하는 중에 일 분 일 초도 즐거움을 느끼지 못하면 결혼 이후 행복한 날은 없을 것입니다. 장자의 「열어구」편에 나오는 이야기처럼, 만약 용(龍)을 잡는 검술인 '도룡검법'을 배울 때, 배우는 즐거움을 느끼지 못하고 오직 열심히 배우는 마음만 가지고 고통스럽게 검술을 배운다면 다 배운 후에는 세상에 용이 없다는 사실을 결국 알게 될 것입니다.
  그렇다면 인생의 목적은 무엇일까요?
  인생의 전 과정에서 제가 개인적으로 가장 중요하게 생각하는 것이 있습니다.

> 독서는 책을 읽는다는 것이 좋고,
> 배움은 배움이 좋다.
> 직장에 다니면서는 일하는 것이 좋고,
> 퇴직하면 퇴직해서 좋다.
> 말단직원이 되면 말단직원이 되어서 좋고,
> 사장이 되면 사장이 되어서 좋다.
> 눈이 오면 눈이 오는 정취가 좋고,

봄바람이 불면 따뜻해서 좋다.
어디든 어떤 상황이든지 좋은 것이 반드시 따르네,
겨울은 봄 소식이요,
낮과 밤이 좋은 날이고,
가는 곳곳마다 좋은 방향이니,
진정 이런 것들을 수시로, 속속들이, 곳곳에서 느낄 수 있는 인생!

이것이 바로 '신(神)'의 생활 태도이며, 선종사상의 정수도 대부분 도가(道家) 사상에서 나온 것입니다.

노자, 장자, 열자는 도가의 3대 대표자이며, 도가의 글은 사람은 자연에 순응하고 낙천지명(樂天知命)하며 참된 자아를 구해야 하고, 공허한 명리에 얽매이지 말고 초연히 달관하고 떳떳한 태도로 살아가야 하며, 쉬지 않고 수명, 명예, 직위, 물질을 위해 짧은 생을 괴롭히지 말라고 합니다.

저는 열다섯 살 때 만화를 평생 가야 할 길로 삼겠다고 다짐했습니다. 만화는 제 취미이기 때문이었습니다. 만화를 그려서 가난하여 매일 라면만 먹고 살아갈지언정, 절대 후회하지 않습니다. 지금까지 수십 년이 지나도록 처음 결심을 의심한 적이 없습니다.

제 마음은 결코 외부 물질의 유혹에 흔들리지 않았고, 세상의 모든 기준도 제게는 중요하지 않았습니다. 득(得)이 되냐 실(失)이 되냐가 중요한 게 아니라, 지금 당장 내가 좋아하는 일을 하는 게 중요했습니다.

책상에 앉기만 하면 작업 속에 몸을 던져, 종이와 붓과 내가 하나가 되었습니다. 그 속에서는 종이가 없어지고 펜이 없어졌지요. 스스로가 없어지는 것은 마치 눈이 귀와 같아지고, 귀는 코, 코는 입과 같아지는 것과 같습니다.

정신을 모아 형체를 없애고, 뼈와 살이 모두 융해되고, 그 형체에 의지하고 있다는 사실을 무의식 속에도 잃으니 마치 마른 나뭇잎이 바람을 따라 동쪽에서 서쪽으로 흐르는 듯하고, 바람이 나를 타고 있는지 내가 바람을 타고 있는지요?

장자「달성」편에 나오는 문장을 바꾸어 쓰자면 이렇습니다.

'비록 하늘과 땅이 크고, 만물이 많지만
그 위를 날아다니는 것은 만화 말고 그 무엇이 있는가?'

'내가 세상을 그대로 받아들인다면,
모든 만물을 만화로 만드는 종이와 붓이 없다 할지라도
하지 못하고 얻지 못할 것이 그 무엇인가!'

목차

서문   4

천서   10
즐거워하는 까닭   11
살아서는 일하고 죽으면 쉬는 것   13
기우   16

황제   18
열자가 바람을 타고   19
무당의 관상술   22
열자의 두려움   26
아름다움과 추함   28

주목왕   29
주목왕의 신기한 여행   30
노성자의 환술 배우기   34
삶과 꿈 이야기   36
괴로움과 즐거움   39
꿈인가?   41
화자의 건망증   43
누가 실성한 사람인가?   45
견물생심   46

중니   48
성인이란?   49
모든 것을 갖춘 스승   51
마음으로 놀다   53

탕문   54
만물은 서로를 포함한다   55
우공이산   59
태양을 쫓는 과보   61
귀신의 아내   63

사문의 거문고   64
한아의 노래   68
백아와 종자기의 공감   72
활쏘기 고수가 되는 법   75
최고의 경지   85
내단의 복수   87

역명   91
운명   92
죽음의 두려움   93
슬퍼할 것 없다   95

양주   96
왜 명예를 얻으려고 할까?   98
인생은 즐거운 것인가?   101
삶이란?   103
어떻게 살까?   105
미친 사람인가, 달관한 사람인가?   106
삶과 죽음은 순리대로!   109
한 가닥 터럭도   110
작은 일과 큰일   112
네 가지 괴로움   114
행복이 같을 수 있나!   115

설부   116
뒤돌아볼 줄 안다   117
말이 아름다우면   118
도를 배우는 목적   119
그대가 적중시킨 까닭은 아는가   120
현명   121
지혜와 기교를 믿지 말라   122
앞을 내다보고 살아라   123
때를 살펴라   124
왜 웃는 것이냐   126
마침내 나에게도 닥칠 것이다   127
행복과 불행   128

천리마 감별 129
세가지 원망 131
절대적인 해결책은 없다 132
어처구니없는 피해 135
목숨이냐 명분이냐 136
자기를 몰라주는 사람을 위해 죽다 137
개를 꾸짖을 자격 138
불사의 도술은 있다 139
진정한 방생 140
만물은 평등하다 141
부끄러움 142
가짜 부자라도 되고 싶다 143
오해의 소치 144
의심병 145
마음의 집착 146
욕망이 강하면 147

『장자』 『노자』 『열자』는 도가의 3대 대표작으로 널리 알려져 있습니다. 도가를 대표하는 이들 세 사람 중에서 생명에 대해서 최고로 달관하고, 최고로 마음이 활달하고 떳떳한 자는 열자입니다. 그는 탈속한 심경으로 정포에서 사십 년 동안 거주하였으나 사람들이 알지 못했고, 많은 사람들 속에 숨어 있어 아무도 그를 알아보지 못했습니다. 그는 태어나서 살아가고 있으니 천복이며, 죽어서 죽을 수 있으니 이 또한 천복이라고 말했습니다. 살아도 살지 못하면 천벌을 받는 것이고, 죽어서 죽지 못하면 천벌을 받는 것이라고도 했습니다.

천서

즐거워하는 까닭

공자가 태산(泰山)에서 노니는데 영계기(榮啟期)가 남루한 옷을 입고 길가에서 거문고를 뜯으며 노래 부르는 것을 보았다.

선생께서는 무엇이 그리도 즐거우십니까?

즐거운 까닭이야 많지요.

하늘이 만물을 만들 때 사람을 가장 귀한 것으로 하셨는데 내가 사람으로 태어났으니 그것이 첫째요,

이 어지러운 세상에서 내가 거문고를 뜯고 노래도 부를 수 있는 평안의 경지에 올랐으니 이것이 두 번째 즐거움이요,

황제

아름다움과 추함

양주(楊朱)가 송(宋)나라를 지나다가 어느 여관에 들었다.

"어서, 오십시오!"

주인에게는 첩이 둘 있었는데, 한 명은 아름답고 다른 이는 못생겼다. 그런데 못생긴 이는 귀여움을 받고 미인은 천대를 받고 있었다.

"왜 못생긴 이를 더 아끼는 거요?"

"저 미인은 스스로 아름답다 하나 나는 그 아름다운 것을 모르겠고 다른 이는 스스로 못생겼다 하나 나는 그가 못생겼는지 모르겠소."

양주가 제자들에게 말했다.

"기억하거라! 좋은 일을 행하면서 자만하지 않으면 어디에 가든 가치를 인정받지 않겠느냐."

착한 일을 하면서 의식하는 마음을 품으면 선행은 없어지는 법. 아름다움도 스스로 내세우면 도리어 추해진다.

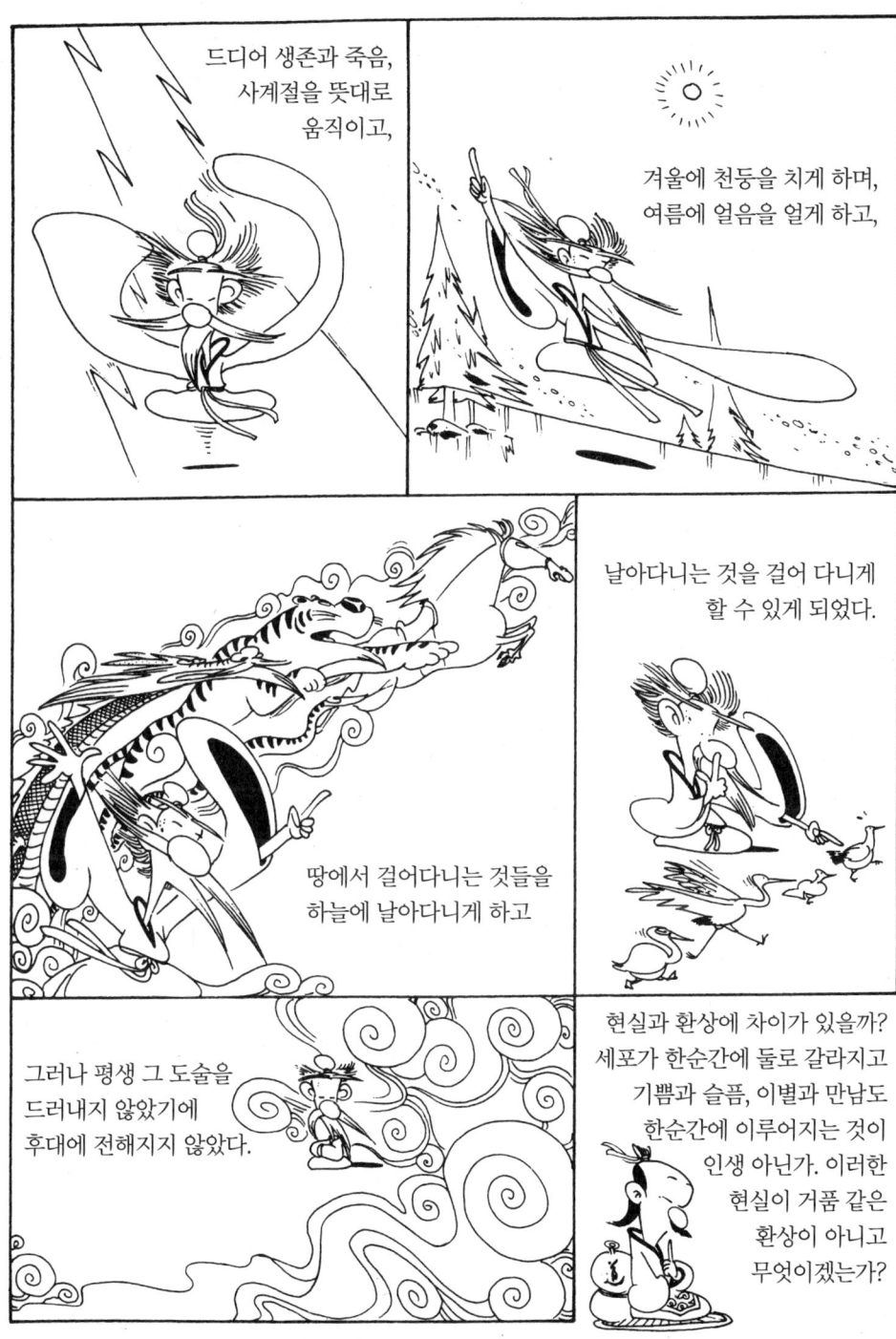

삶과 꿈 이야기

사람이 살면서 정신이 맑을 때는 여덟 가지 활동이 나타나고

고(故): 세상의 일
위(爲): 일상의 일
득(得): 명예나 지위의 득실
상(喪): 죽은 자를 보내는 슬픔
애(哀): 마음의 서글픈 감정
낙(樂): 기쁨과 즐거움
생(生): 태어날 때의 아픔
사(死): 해탈하고 돌아감

잠잘 때는 여섯 가지 징후가 나타나니, 이는 정신적인 감정으로 인해 일어나는 증상이다.

정몽(正夢): 평소 꾸는 꿈
악몽(惡夢): 놀라 꾸는 꿈
사몽(思夢): 생각하는 꿈
오몽(寤夢): 깨달음으로 꾸는 꿈
희몽(喜夢): 기쁜 꿈
구몽(懼夢): 무서운 꿈

음기가 왕성하면 꿈에서 물을 건너다 겁을 내고,

양기가 왕성하면 큰 불에 들어가 타는 꿈을 꾼다.

음양이 모두 왕성하면 살리거나 죽이는 꿈,

배가 고플 때면 구걸하는 꿈,

몸이 쇠약할 때는 공중을 나는 꿈을 꾼다.

중병으로 시달릴 때는 물에 빠지는 꿈을,

띠를 두른 채 잠들면 뱀 꿈을,

걱정이 많은 사람은 술 마시는 꿈을,

울고 나면 춤추거나 노래하는 꿈을 꾼다.

낮에 생각했던 일을 밤에 꿈으로 꾸는 것은 정신과 육체가 서로 반응한 결과다.

옛날 진인(眞人)들은 자기가 한 일을 마음에 두지 않았기 때문에 자면서 꿈꾸지 않았다.

서역 남쪽의 고망국(古莽国)은 사계절이 없고 밤낮 구분이 없다. 해와 달이 비추지 않아 백성들은 먹지도 입지도 않으며 단지 잠자고 꿈만 꾸면서 오십 일마다 한 번씩 깨어나는데,

깨어나면 꿈속의 일을 현실이라 여기고,
깨어 있을 때 본 것을 꿈이라고 생각한다.

중앙국(中央国)은 중앙에 있기 때문에 음양이 합쳐지고 밤낮과 사계절이 질서 있게 돌아가, 사람들이 예의를 알고 하루에 한 번씩 잠을 자는데

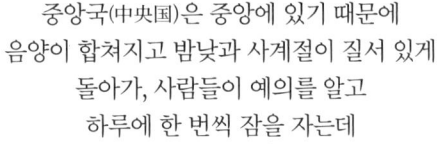

그들은 깨어나 본 것이 진실이고, 꿈에서 본 것은 망상이라고 했다.

또 부락국(阜落国)은 땅이 척박하여 묘목이 자라지 않는다. 풀뿌리를 먹으려고 온종일 뛰어다니다 보니 잠잘 시간도 없이 먹을 것을 구해야 했다.

꿈과 현실 중 어느 것이 참이고 어느 것이 거짓일까? 우리는 알 수 없다!

꿈과 현실 중 어느 것이 거짓이고 어느 것이 참일까? 알 수 없다. 지금 당신이 꿈을 꾸고 있는지, 꿈속의 세계가 진실인지도 알 수 없지 않겠나?

꿈이 다 뭐냐? 먹는 것만이 진실이다.

괴로움과 즐거움

주(周)나라의 윤씨(尹氏)라는 부자는 재산 늘리기에 빠져 있었다.

게으른 것, 일어나라!

늙은 하인은 새벽부터 밤늦도록 쉴 새 없이 일했다.

낮에는 끙끙 앓으면서도 일하고 밤이면 피로하여 정신없이 곯아떨어졌다.

드르렁!

밤마다 임금이 되어 백성을 다스리고 즐거워하는 꿈을 꾸었다.

인생 백 년이라지만 밤낮이 각각 반반이지요. 낮에는 비록 힘들지만 밤이면 임금이 되니 그 즐거움이 비할 데가 없는데 무엇을 원망하겠소?

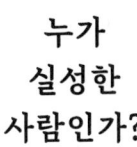

누가 실성한 사람인가?

진(秦)나라의 어떤 사람이 실성하여 흰 것을 보면 검다고 하고, 단것을 쓰다고 했다.

검다!

구린내!

좋은 향기!

노나라 의술이 뛰어나니, 데려가보시오.

오, 당장 가리다.

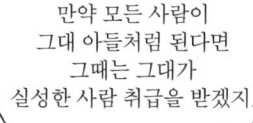

그들은 노나라로 가던 도중 진나라에서 노자를 만났다.

세상 사람 모두가 실성해서 아무도 깨어 있는 자가 없는데, 당신 아들이 실성했는지 어찌 안단 말이오?

만약 모든 사람이 그대 아들처럼 된다면 그때는 그대가 실성한 사람 취급을 받겠지.

시비, 선악, 흑백 등은 모두 사람이 정한 것으로, 절대적 기준은 없다. 그런데 모두가 흰 것을 검다고 한다면, 실성한 사람은 당신이다.

중니

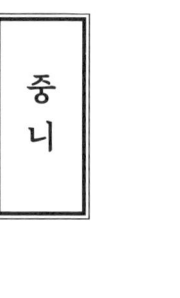

탕문

만물은 서로를 포함한다

온나라 탕왕(湯王)이 하극에게 물었다.

태초에도 생물이 있었소?

태초에 아무것도 없었다면 지금 생물이 어찌 있겠습니까? 후세에 우리 시대에는 생물이 없었다고 하는 격입니다.

우주에 끝이 있소?

알지 못합니다.

없다 하면 끝이 없는 것이요, 있다 하면 다함이 있는 것이니, 우주 밖에는 다시 끝이 없고 또 다함이 없음을 아무도 모르는 게 당연하지요.

사람도 크고 작음의 구별이 있소?

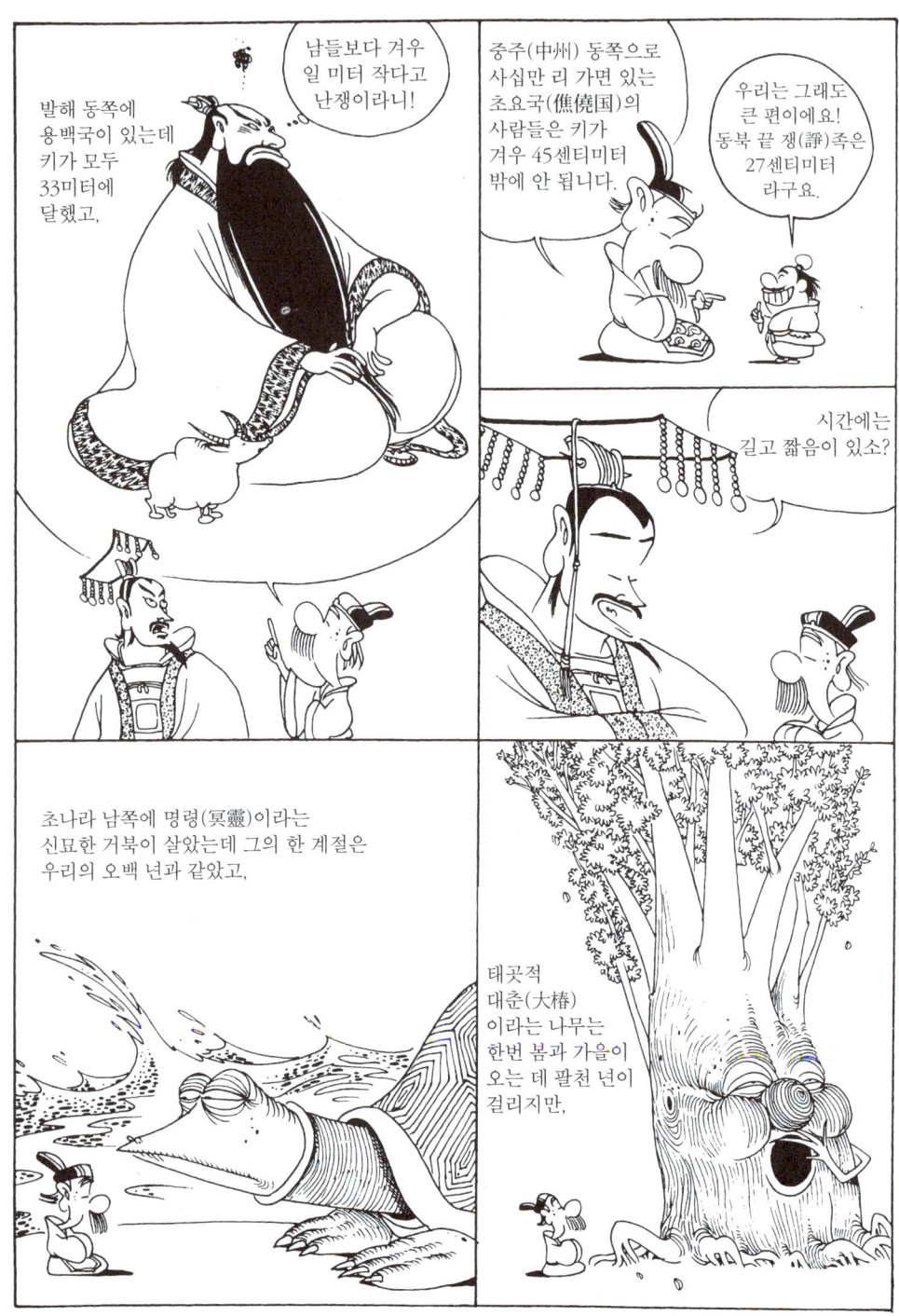

귀신의 아내

동쪽의 첩목국(輒沐國)에서는 첫 아들을 낳으면 산 채로 잡아먹는다. 그래야 그 다음에 태어나는 아우들에게 좋다는 풍습이 있는 것이다.

아버지가 죽으면 버리고, 어머니는 귀신의 아내라 하여 업어다가 들판에 내다 버렸다.

진(秦)나라 서쪽 의거국(儀渠國)에서는 부모가 죽으면 장작더미 위에 올려놓고 태운다. 그 연기와 함께 부모가 하늘로 올라간다 여겼고, 이렇게 해야만 효자가 된다고 생각했다.

풍속과 규칙은 모두 사람이 정한 것이다. 인위적인 진리는 절대적인 것이 아니며, 시간과 장소를 바꾸면 선이라 불리는 일이 악으로 변할 수 있다.

너무 슬퍼서 사흘 동안이나 음식을 먹지 못했다.

그래서 급히 뒤쫓아가 기쁜 노래 한 곡조를 청했다.

사람들은 슬픔을 잊고 신나게 뛰어놀고,

한아가 떠날 때 선물을 많이 주어 전송했다.

지금까지도 옹문 사람들이 노래를 잘 부르는 것은 한아의 노래 때문이라고 한다.

마음에서 우러난 진정한 감정은 다른 사람을 감동시킬 수 있다. 오랜 세월이 지나도 이 진실한 감동은 결코 사라지지 않는다.

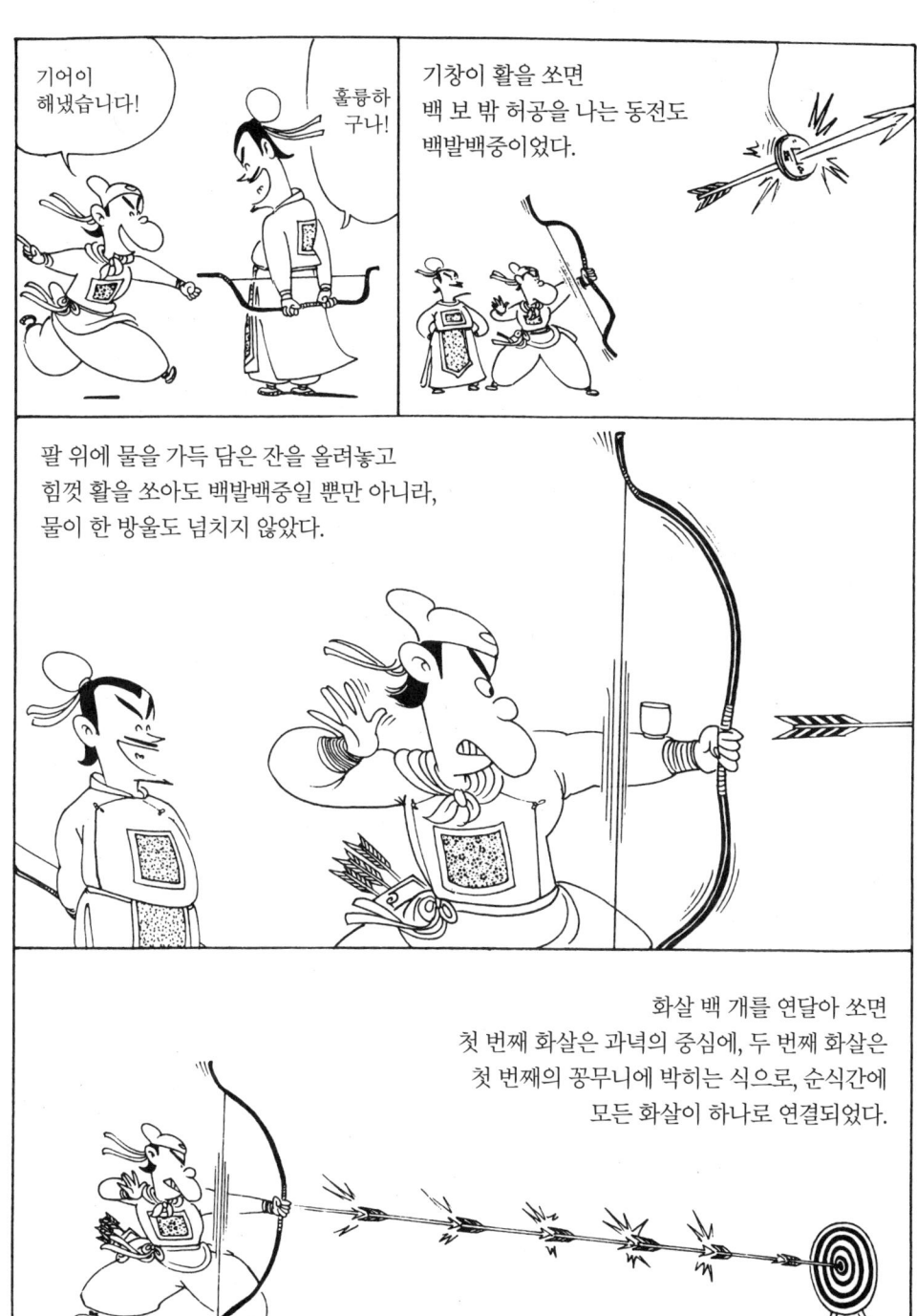

한단 사람들이 모두 그의 활 솜씨를 보고 싶어 했지만, 그는 활을 만지지도 않았다.

"활 솜씨를 한 번만 보여주게!"

"왜 활을 쏘지 않나?"

"지극한 움직임은 움직임이 없고, 지극한 말은 말이 없으며, 지극한 활 솜씨는 활을 쏘지 않는 것이므로 안 쏘는 것이오."

최고의 궁수가 되려면 활과 화살을 잊어야 한다. 나와 남이 사라져야 하고 온 정신이 합일하여 자유자재가 되고 흔들림이 없어야 한다. 화가는 붓과 그림을 잊어야 한다. 그래야만 종이와 붓과 사람이 일체를 이루어 마음속 깊은 곳에 있는 느낌을 그림으로 전달할 수 있다.

기창은 하산한 뒤, 사십 년 동안 편안히 살다 죽었다. 소문에 의하면 그가 살았을 때, 그의 집 지붕에서 마치 활시위를 당기고 있는 듯한 기운이 치솟아 철새들도 감히 그 위를 날지 못했다고 한다.

내단의 복수

위(魏)나라 흑란(黑卵)이 사적인 원한으로 구병장(丘邴章)을 죽였다.

구병장의 아들 내단(來丹)은 아버지를 죽인 원수와 같은 하늘 아래 살 수 없다며 복수를 다짐했다.

하지만 내단은 몸이 약하고, 밥알을 셀 정도로 먹는 양도 적었다.

아무리 복수심에 불타도 칼을 들 힘이 없었다.

반면 흑란은 사나운 장사인데다 몸이 보통 사람과 달랐다.

내 목을 힘껏 내리쳐봐!

쨍!

운명

나이와 외모가 비슷한 두 사람이 있는데, 한 사람은 부유하고 장수하며 평판이 좋은 반면, 다른 사람은 가난하고 오래 살지 못했으며 평판이 아주 나쁜 경우가 있습니다.

양포(楊布)가 그의 형 양주(楊朱)에게 물었다.

선천적인 조건은 비슷한데, 왜 그토록 다를까요?

다 운명이다.

생사(生死)에는 각자의 운명이 있다. 그러니 각자 스스로 힘껏 추구하든 내버려두든 그걸 막을 자는 없다.

해가 뜨고 지는 가운데 다들 자기 할 일 하느라 그저 바쁘게 산다. 왜 그러는지 누가 알 수 있겠나?

그게 다 자기의 운명인 것을.

높은 수양을 쌓는 자는 자신이 왜 사는지, 왜 바쁜지도 잊어버린다. 주위에서 쳐다본다 하여 자신을 바꾸지 않으며, 안 본다 해서 양심을 저버리지도 않는다. 그 누구도 그에게 영향력을 끼칠 수 없다.

죽음의 두려움

대왕께서는 도롱이를 입고 논밭에서 바쁘게 일하느라 죽음에 대해 생각할 틈도 없었을 텐데, 감히 임금의 자리에 오르셨겠습니까?

만약 사람이 불로장생한다면 태공(太公), 환공(桓公), 장공(莊公), 영공(靈公)께서 지금껏 왕으로 계실 텐데, 대왕께 차례가 돌아왔겠습니까?

또한 부도덕한 임금과 아첨하는 두 신하를 보면서 어찌 웃지 않을 수 있겠습니까?

대왕께서 그런 일로 지금 눈물을 흘리시다니 부도덕의 소치입니다.

경공은 그 말에 매우 부끄러워 술잔을 들고 스스로 벌주를 마신 다음, 두 신하에게도 벌주를 내렸다.

삶에도 용감하고 죽음에도 용감하면 생사를 걱정하지 않고 운명을 편안하게 헤쳐 나가는 인생이 될 것이다. 목숨을 아끼고 죽음을 두려워하는 것은 마치 길을 잃고 집으로 돌아가지 못하는 나그네와 같다.

슬퍼할 것 없다

위(魏)나라의 동문오(東門吳)라는 사람이 아들이 죽었는데도 슬퍼하지 않았다.

주인장, 술 세 병만 주시오!

사랑하는 아들이 죽었는데 슬프지도 않소?

본래 없던 자식이 생겼다가 오늘 죽었소. 옛날 자식이 없던 때와 똑같아졌을 뿐, 슬플 게 뭐 있소?

죽음이 왜 슬픈가? 보통 사람들은 죽음에 초연한 사람을 이해하지 못하는데, 슬퍼한다 해서 무슨 소용 있겠는가? 헛된 슬픔일 뿐이다.

양주

양주(楊朱)는 일찍이 노자(老子)에게서 배운 적이 있기 때문에,
많은 사람이 그를 도가(道家) 철학자로 분류하지만,
그의 학설은 도가 사상과 큰 차이가 있다.

그는 인생은 짧은 것이므로 자기 뜻대로 마음껏 즐겨야 한다고 했다.
그러나 남에게 해를 끼치면서 자기의 이익을 취해서는 안 된다고
했으며, 자신의 털 한 오라기로 천하가 이로워진다 해도
내주어서는 안 된다고 주장했다.

인생은 즐거운 것인가?

백 년은 인간 수명의 최대치다. 그래서 백 살을 산 사람을 보면 굉장히 오래 산 것 같지만 사실은 그렇지 않다.

어린아이와 노인으로서 힘을 못 쓰는 기간이 삶의 거의 반을 차지하고,

밤에 잠자는 시간이 또 그 반을,

질병, 슬픔, 고통, 방황, 공포 등이 또 그 반을 차지해

알고 보면 자유롭고 행복하게 지낸 시간은 조금밖에 안 된다.

그럼 도대체 무엇을 위해 사는가? 또 진정한 즐거움이 있을까?

풍족한 생활, 아름답고 화려한 겉모양을 위해서? 그러나 끝없이 풍족한 생활이라도 끝없는 만족을 줄 수는 없다.

짧고 허망한 명예를
구하기 위해
일생을 바쁘게 사는가?

그런 삶은 한평생 자신의 귀로
옳고 그름을 들을 수 없으며,

아름답고 추한 것을 감상할 수 없다.

인생을 마음껏 누릴 수 없으니,
마치 죄를 지어
무거운 족쇄에 매인
것과 무엇이 다른가?

삶이란 이 세상에 잠깐
들른 것일 뿐이오,
죽음이란 잠시 떠나는 것일
뿐이니, 마음껏 나아가
자연에 거스르지 않도록
해야 한다.

스스로 좋아하는 것을
기쁘게 받아들여야만,
명예의 노예가 되지 않고
본성대로 생활할 수 있으며
만물에 거스르지 않는 것이다.

명예를 누림에 있어
살아서 누리든
죽어서 누리든
무슨 상관 있겠는가.
수명의 길고 짧음은
더더욱 예측할 수
없다. 이같이 잠깐
와 있는 인생을
잘 살아야만 한다.

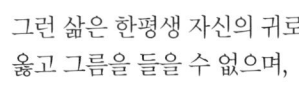

삶이란?

부유

빈곤

만물이 서로 다른 것은 살아 있는 것이고,

완전히 같은 것은 죽음이다. 빈부귀천을 막론하고 죽으면 모두 썩어 없어진다.

태어남도 스스로 할 수 있는 게 아니요,

죽음도 스스로 할 수 있는 게 아니다.

현명함과 존귀함도, 우매함과 비천함도 스스로 할 수 있는 것이 아니니, 모두가 다 운명인 것이다.

십 년 산 사람도 죽고,
백 년 산 사람도 죽는다.

성인인 요순 임금도
죽은 뒤에는
한 줌 썩은 뼈이고,

흉악하고 우매한 걸(桀), 주(紂)왕도
죽으면 한 줌 썩은 뼈일 뿐이다.

현명함과 우둔함, 존귀함과 비천함이 모두
한 줌 썩은 뼈가 될 뿐인데,
생전에 어떤 차이가 있었는지
누가 알아주겠는가!

인간의 수명은
짧기 때문에
살아 있는 시간을
잘 활용해야 하는데,
죽은 뒤의 일을
생각할 필요가 있을까?

어떻게 살까?

원헌(原憲)은 가난으로 목숨을 잃고

자공(子貢)은 부유함으로 인해 몸을 해쳤다.

그래서 가난과 부유함은 모두 좋지 않다.
그럼 어떻게 해야 하는가?

즐겁고 편안한 나날을 보내야 한다.
빈곤 때문에 목숨을 버리고,
부유함이 몸에 해를 끼치면 안 된다.

낙천적이고 스스로 만족할 줄 알아야
가난을 느끼지 않고 다툼 없이 편안하게
살 수 있어 재물로 인해 괴로움을 당하지 않는다.

힘들면 편안함을,
배고프면 먹는 것을 찾고
추우면 따뜻해질
방법을 생각하라.
낙천적이며 만족할 줄
알고 과분한 재물을
구하지 않아야
몸을 망치지 않는다.

미친 사람인가, 달관한 사람인가?

단목숙(端木叔)은 자공(子貢)의 후손으로 조상의 유산을 물려받아 마음대로 탕진했다.

먹고 마시고 도박하고 기생집을 출입하며 온갖 놀음을 다 즐겼다.

진기한 물건이라면 아무리 먼 곳에 있다 해도 사며,

호화찬란한 집에 살며, 산해진미만 먹었다.

후원에는 애첩이 수없이 많아 제(齊)와 초(楚)의 임금에 비견했다.

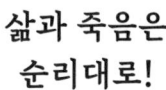

삶과 죽음은 순리대로!

"죽음이 두려워 불로장생을 바라는 이를 어찌 생각하십니까?"

"어차피 죽을 몸, 소용없는 일이오."

맹손양(孟孫陽)이 양자에게 물었다.

"오래 살기를 구하면?"

"생사는 운명에 달린 것, 특별히 관심을 갖거나 구한다고 오래 사는 건 아니오."

"인생살이의 괴롭고 즐거움은 예나 지금이나 마찬가지요. 세상일을 겪으면서 백 년 살기도 참을 수 없는데 뭐 때문에 오래 사는 고통을 받으려 하오?"

"그럼 일찍 죽는 게 좋겠군요?"

"아니오! 사는 것도 죽는 것도 순리대로 자연스럽게 하며 감상적이거나 슬퍼할 것도 없소."

삶을 걱정하지 않고 죽음을 두려워하지 않을 수 있다면, 생명의 길고 짧음을 담담하게 받아들일 것이다.

옛날 사람들은 털 한 오라기를 뽑아 천하를 이롭게 한다 해도 내주지 않았고, 세상 사람들이 천하를 다 준다 해도 그것을 취하지 않았다. 손해 보면서 천하를 이롭게 하지 않아도 천하는 태평하게 굴러갈 것이다.

네 가지 괴로움

사람들은 네 가지를 위하느라 괴로워한다.

첫째가 수명
둘째가 명예
셋째가 지위
넷째가 재물이다.

이 넷을 움켜쥐면 귀신이 목숨을 해칠까, 명예를 짓밟힐까, 지위를 잃을까, 형벌을 받을까, 재산을 뺏길까 두려워한다.

이 넷을 간파한 자는 살든 죽든 상관이 없다. 왜냐면 그는 삶과 죽음을 제쳐두고 자연에 순응하기 때문이다.

오래 사는 것을 부러워하지 않는 자는
명성을 대단하게 여기지 않고,
권세를 쫓지 않는 자는
부귀를 탐하지 않는다.

벼슬과 욕심을
구하지 않으면
마음이 맑아지고
만족을 얻으며,
군왕과 신하의
번잡하고 불필요한
예절에도 벗어난다.

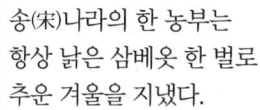

행복이 같을 수 있나!

송(宋)나라의 한 농부는 항상 낡은 삼베옷 한 벌로 추운 겨울을 지냈다.

봄이 되어 들에 나가 일하니 햇볕과 바람이 매우 기분 좋았다.

봄 햇살이 너무 좋군. 이 비밀을 임금님께 알리면 후한 상을 내리실 거야.

전 이 맛있는 나물을 맨날 먹지요.

욱! 무슨 맛이 이래!

임금님께 한 가지 알려드리려 합니다.

안 가는 게 좋을 거요.

옛날에 한 농부가 완두, 도꼬마리, 미나리, 개구리밥 등이 맛있다고 생각하여 그 고장의 부자에게 바쳤지요. 부자가 맛을 보았는데 입이 쓰고 배가 아팠어요.

사람들이 그를 비웃자, 부끄러워서 어쩔 줄 몰랐다더군요. 당신도 그 농부 같소.

기분이 좋고 나쁘고는 다 자기 마음에 달려 있다. 가난한 사람은 일생 동안 풍성하게 차린 잔치상을 바라보고 살지만 부자에게는 억지로 먹는 고통스러운 식사일 수도 있다.

설부

뒤돌아볼 줄 안다

열자가 호구자(壺丘子)에게서 인간의 도리를 배웠다.

뒤를 돌아볼 줄 알면 몸가짐을 바르게 지킬 수가 있다네.

뒤를 돌아볼 줄 안다는 것이 무슨 말씀입니까?

우선 네 그림자를 돌아보면 알게 될 것이다.

형체가 굽으면 그림자도 굽어지고, 형체가 곧으면 그림자도 곧아지는군.

굽음과 곧음은 형체에 있지 그림자에 있는 게 아니군요.

알겠습니다. 자기 몸이나 형체가 굽어지고 펴지는 것은 세상의 도리에 맡겨두고 따르는 것이지, 나 자신에게 있는 것이 아니군요. 돌아볼 줄 알면 세상보다 앞선다는 얘기가 되겠어요.

형체가 있어야 그림자도 있다.
형체가 망가져도 그림자는 상하지 않는다.
그러므로 성인은 사물보다 앞서지 않는다!
성인은 뒤에 있으면서도 앞서고,
자신을 밖에 두어도 지켜지며
겸허히 물러나도 앞서게 마련이다.

도를 배우는 목적

엄회(嚴恢)가 말했다.

"도를 배우는 것이 부자가 되기 위해서요? 부자들은 왜 도를 배우려고 하죠?"

걸왕과 주왕이 오직 이익을 중시하고 도를 가벼이 여겨 망한 것이오.

"사람이 의로운 마음 없이 먹기만 하고 양육강식의 이치만 따른다면 짐승과 다를 바가 있겠소?"

"닭이나 개나 짐승처럼 행동하면 존경받지 못할 것이오. 매우 위험하오."

도를 배우는 목적은 정신의 향상에 있지, 세속적인 명리를 좇는 데 있지 않다.

현명

정신이 충만한 사람은 교만하기 쉽고,
힘이 있고 권력 있는 사람은 용감하고 오만하다.

고집 센 사람은 남의 충고를 받기 어렵다.

말해봐! 내가 뭘 잘못했어?

없소….

결국 외롭게 되어 남의 도움을 받지 못한다.

현명한 사람은 남에게 맡기므로 늙어도 몸이 쇠하지 않고, 지혜가 다해도 혼란스럽지 않게 된다.

나라를 다스릴 줄 아는 임금은 자기보다 더 현명한 자를 찾는 데 힘쓴다.

교만한 자는 과대망상에 빠지고 고집 센 자는 어리석다. 말과 행동을 겸손히 하고 남과 어울리는 것이 바로 도의 경지라고 할 수 있다.

지혜와 기교를 믿지말라

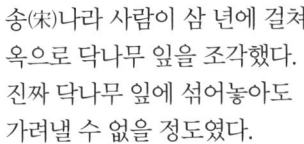
송(宋)나라 사람이 삼 년에 걸쳐 옥으로 닥나무 잎을 조각했다. 진짜 닥나무 잎에 섞어놓아도 가려낼 수 없을 정도였다.

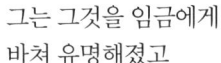
그는 그것을 임금에게 바쳐 유명해졌고

그 솜씨로 인해 송나라에서 잘 지냈다.

너도 나무냐?

만약 나뭇잎이 삼 년마다 하나씩 돋아난다면 잎이 있는 식물은 드물 것이다.

그러므로 성인은 자연계의 생장(生長) 원리를 믿을 뿐, 인공적인 기교를 믿지 않는다.

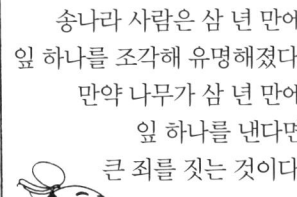
송나라 사람은 삼 년 만에 잎 하나를 조각해 유명해졌다. 만약 나무가 삼 년 만에 잎 하나를 낸다면 큰 죄를 짓는 것이다.

행복과 불행

송(宋)나라의 광대가 임금을 뵙고 재주를 펼쳤다.

"재주가 뛰어나구나. 비단과 황금을 하사하마."

"감사합니다."

나중에 또 한 광대가 임금을 뵙고 거꾸로 날아다니는 재주를 보였다.

"저번 그 광대의 재주는 평범했지만, 내 기분이 좋아 금과 비단을 내린 것이다! 넌 분명 그 소문을 듣고 상을 받으러 온 것이렸다!"

임금은 그 광대를 감옥에 가뒀다.

두 광대의 재주는 같았지만 상황은 너무 달랐다. 때를 얻으면 번창하고, 그렇지 못하면 망한다.

세상사에서는 종종 진심으로 추구하는 일이 권력자의 기분에 따라 완전히 바뀌어버리기도 한다.

세 가지 원망

호구(狐丘)에 사는 한 영감이 손숙오(孫叔敖)에게 말했다.

"원망을 사게 되는 세 가지 원인을 아시오?"

"말씀해 보시지요."

"작위가 높으면 시기를 받고, 벼슬이 높을수록 군왕이 미워하고, 봉록을 많이 받으면 사람들이 가까이 하지 않는 것이오."

"작위가 높을수록 겸손하고, 벼슬이 클수록 뜻을 작게 하고, 봉록이 많을수록 남을 돕고 베풀면 그 세 가지 원망을 제거할 수 있겠군요."

"내가 죽으면 임금께서 좋은 땅을 주실 텐데, 그걸 받지 말고 초나라와 월나라 사이에 있는 척박한 땅을 받도록 해라."

"예."

손숙오가 죽자 임금은 그 아들에게 좋은 땅을 주었지만, 그는 사양하고 척박한 땅을 청했다. 그래서 지금까지 그의 후손들이 그곳에 살고 있다.

강풍은 아침에 그치지 않고, 소나기는 종일 그치지 않는다. 크게 득의양양한 일도 그리 오래 못 간다. 아무 다툼이 없을 때 오래갈 수 있다.

자기를 몰라주는 사람을 위해 죽다

주려숙(柱厲叔)은 거(莒)나라 오공(敖公)을 섬겼으나 오공은 그를 알아주지 않았다.

그는 오공을 떠나 바닷가에 살면서 여름에는 마름풀을 겨울에는 도토리를 먹고 살았다.

오공께서 어려우시다니 가서 그를 위해 죽겠소.

오공이 알아주지 않아 떠나왔으면서 그를 위해 죽겠다니, 옳고 그름을 모르는 것 아닌가?

내가 떠난 건 나를 몰라주었기 때문이고, 지금 그를 위해 죽으러 가는 건 진정 나를 몰라주었다는 것을 증명하려는 거요.

또 내 죽음으로써 후손들에게 신하를 몰라주는 왕을 부끄럽게 하려는 것이고!

선비는 자기를 알아주는 자를 위해서 죽지, 자기를 몰라주는 자를 위해 죽지 않는다. 주류숙은 자기를 몰라주는 사람을 원망한 나머지 자기 생명마저 잊은 것이다.

개를 꾸짖을 자격

양주(楊朱)의 동생 양포(楊布)가 흰 옷을 입고 외출했다가

돌아오는 길 비가 와서 흰 옷을 벗었다.

그러자 집에 기르던 개가 양포를 알아보지 못하고 짖어댔다.

이 멍청아!

때리지 마라!

어디 주인에게 이빨을 드러내?

만약 이 개가 나갈 땐 흰색이었는데 들어올 땐 검은색이라면, 너도 이상하다 생각했을 게 아니냐?

겉모습에 집착하면 참된 자아를 잃는다. 명예, 이익, 지위 등은 종종 자신을 잃어버리게 한다.

부끄러움

제(薺)나라에 날마다 거리에서 구걸하는 거지가 있었다.

고맙습니다.

시간이 지나자, 사람들은 그를 성가시다 여겨 음식 주기를 꺼렸다.

그는 할 수 없이 전씨(田氏)의 마굿간에서 말똥 치우는 막일을 하면서 밥을 얻어먹고 지냈다.

말 치다꺼리나 하는 게 부끄럽지도 않소?

세상의 모든 직업 중 가장 부끄러운 게 빌어먹는 일이오. 거지인 것도 부끄럽지 않은 마당에 이까짓 일이 뭐가 부끄럽소?

수치인가 아닌가는 스스로의 생각에 따를 뿐이다.

마음의 집착

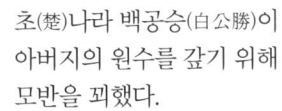

초(楚)나라 백공승(白公勝)이 아버지의 원수를 갚기 위해 모반을 꾀했다.

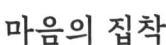

어느 날, 조정에서 돌아오는 길에 그는 복수할 생각에 안절부절못하여 지팡이를 거꾸로 짚은 줄도 몰랐다.

턱이 지팡이 끝에 찔려

피가 땅에 떨어지는데도 알아차리지 못했다.

턱의 통증조차 잊었는데 무엇인들 못 잊을까?

정(鄭)나라 사람이 그 이야기를 듣고 말했다.

마음에 걱정거리가 있으면 걷다가 웅덩이에 빠지거나 나무에 부딪혀도 모르는 경우가 있다.